PARIS

HISTORIQUE, PITTORESQUE ET ANECDOTIQUE

———

LE PALAIS-ROYAL.

PARIS. — TYP. SIMON RAÇON ET Cᵉ, RUE D'ERFURTH, 1.

Les alliés dans le jardin du Palais-Royal en 1815.

LE PALAIS-ROYAL

PAR

LOUIS LURINE

Dessin par J.-A. BEAUCÉ.

PARIS

GUSTAVE HAVARD, ÉDITEUR,

15, RUE GUÉNÉGAUD

1855

LE PALAIS-ROYAL.

I

Le Palais-Royal est une grande cité dans une ville qui est immense. Par malheur, la grande cité s'est endormie depuis longtemps à l'ombre de sa merveilleuse histoire. L'histoire du Palais-Royal! un monde tout rempli de bruit, de mouvement, de luxe, de plaisir, de lumière, de scandale et de renommée; un monde où la vogue s'approprie chaque jour, par le droit du caprice, tout ce qui est nouveau, singulier, original, in-

croyable, fabuleux, parfois monstrueux ;
un monde où l'on invente des nouvelles,
des modes, des fantaisies, des événements,
des folies, des célébrités et des révolutions ;
un monde où figurent des cardinaux, des
rois, des reines, des comédiens, des ora-
teurs, des gazetiers, des beaux esprits, de
pauvres femmes que Voltaire appelle des
filles d'affaires, des tribuns, des joueurs,
des philosophes, des étrangers en bonne
fortune, des ennemis en goguette, des po-
pularités de la veille, des gourmands d'élite,
des mendiants illustres et des perruquiers
célèbres ; un monde où l'industrie, la dis-
sipation et le vice ont le privilége d'é-
tonner, de distraire, d'égayer, d'étourdir et
de ruiner la curiosité publique; un monde,
enfin, heureux et malheureux, où la brillante cité du cardinal se donne à plaisir,
sur le théâtre de la réalité, le spectacle
de l'ambition, de la richesse, de la ga-

lanterie, de la convoitise, de la folie et du ridicule, — des drames, des tragédies, des comédies, et même des farces!

Je demandais un soir à un promeneur silencieux du Palais-Royal, à un rêveur qui marchait les yeux baissés, dans une espèce de contemplation intérieure, ce qu'il faisait ainsi en se promenant, en rêvant, en se recueillant, *à la douce clarté qui tombait des étoiles?* il me répondit sans rire : « Je me raconte à moi-même l'histoire du Palais-Royal, et je n'en suis encore qu'au cinquième volume ! »

Eh bien, notre promeneur avait raison : il faudrait plus de cinq volumes pour raconter une pareille histoire.

Quoi! l'histoire du Palais-Royal?... Une histoire à peu près complète de cette ville, de cet univers, de cette civilisation merveilleuse, de cette grandeur et de cette décadence?... Quoi! passer en revue les hommes et les choses qui ont joué un rôle visible ou caché sur ce théâtre immense de la vie parisienne? Parler à la fois des maisons, des passants, des industries et des arbres? Rappeler un à un tous les faits, tous les mystères, tous les romans, tous les costumes, tous les oripeaux, tous les sceptres de la mode, tous les beaux Grotesques, tous les pouvoirs éphémères, tous les originaux d'un jour, tous les chapeaux de la veille, toutes les cocardes du lendemain, tous les rubans de la circonstance, toutes les feuilles vertes de l'à-propos, les personnages et les événements qui ont passé par les planches de cette mystérieuse scène?... Le rêveur de tout à l'heure en était au cinquième volume de cette belle histoire, et je le crois!

A vrai dire, l'histoire du Palais-Royal n'est pas précisément une histoire . c'est un roman historique, le *roman de Paris.*

comme le disait un jour mon pauvre et ex-
cellent ami Eugène Briffault, dans un charmant article où la mémoire et l'imagination
babillaient ensemble. Briffault disait, en
parlant du Palais-Royal : « On a vu s'accomplir dans cette enceinte des faits impor-
tants et nombreux ; on y a vu se placer, sur
les marches du trône, des pouvoirs rivaux
de la puissance royale ; on y a vu commencer des révolutions. Les arts, les plaisirs, le
vice, le travail, l'industrie, la mollesse, le
désordre, y ont tenu leurs grandes assises.
Là se sont heurtées toutes les prodigalités et
toutes les misères ; nulle part on ne rencon-
tre de contrastes plus variés, plus piquants
et plus bizarres. Le Palais-Royal fut à la fois
le paradis et l'enfer du monde parisien.
Lorsque la mémoire veut évoquer les souvenirs qui s'y rattachent, elle voit bondir
devant la pensée les images les plus capri-
cieuses, les figures les plus fantastiques. Le

chaos des faits est éclairé par des lueurs étranges, tantôt brillantes et tantôt sinistres. C'est avec l'imagination, surtout, qu'il faudrait écrire l'histoire du Palais-Royal : c'est le conte de fées des enfants de Paris. »

II

Eh bien, oui, un conte de fées, que l'on pourrait commencer ainsi :

Il était une fois un cardinal que l'on nommait Armand Duplessis de Richelieu. Il portait une cuirasse sur sa pourpre romaine. Il était prêtre, soldat, et un peu bourreau. Il faisait de méchants vers et de grandes actions; il faisait l'anour par-dessus le marché. Il nous a légué des monuments, des victoires, des instiutions et des conquêtes. Il nous a laissé le souvenir d'horribles vengeances, de conlamnations sanglantes, de représailles affreuses. La gloire a rendu si éclatante sa robe rouge, que le sang n'y paraît plus : la couleur et la lumière ont ébloui la postérité.

Richelieu gouvernait la France sous Louis XIII. Il avait un génie qui valait mieux qu'une royauté. Il portait une hache de justicier, qui valait mieux que le sceptre d'un roi pour abattre les ambitions, les obstacles, les inimitiés, les cœurs et les têtes. C'était un monarque !

Richelieu ne régnait pas en public : il régnait secrètement. Il avait une cour et des sujets : il voulut avoir un palais pour abriter la secrète grandeur de son règne, pour élever le trône de la monarchie française en s'y plaçant ; il édifia le Palais-Cardinal.

L'architecte Lemercier suspendit les travaux du Louvre pour construire l'habitation royale du ministre. Oppenord et Philippe de Champagne furent chargés de retracer dans cette orgueilleuse résidence, sur la pierre et sur la toile, toute l'Odyssée glorieuse et terrible du véritable roi, du véritable maître de la France. Ce n'était point là un palais; c'était un temple, consacré à la gloire d'un homme. Ne pouvant pas être tout à fait un roi, Richelieu se faisait idole : on l'adora dans le Palais-Cardinal.

Et quand on l'adorait ainsi, dans ce magnifique palais, en lui jetant des flots d'encens mêlé de haine et de terreur; quand on lui disait en tremblant qu'il avait refait la France pour mieux faire une monarchie; quand tous s'agenouillaient pour baiser sa main ensanglantée, sans que nul osât s'essuyer les lèvres après le baiser; quand la noblesse elle-même, décimée par cette main

le terrible justice, lui criait qu'il était grand
et éternel comme le monde ; quand l'idole
était debout, dans son temple, sur son trône,
sur son autel, — qu'est-ce donc qu'aurait
répondu la colère du cardinal si quelque
voix prophétique eût osé lui dire :

« Ce monument que tu vas léguer à ton
maître ne gardera rien de ton orgueil ; il ne
gardera pas même ton nom... il le reniera !
Tu as bâti non pas le Palais-Cardinal, mais le
Palais-Royal !... Un grand roi de l'avenir dé-
daignera ton ouvrage, ce luxe, cette richesse,
ce faste, cette vanité, — et il en fera la petite fortune d'un prince, — et ce prince se
nommera d'Orléans... un nom que tu hais ..
ce nom des ennemis de ta puissance et de ta
gloire !... On effacera ton chiffre et tes armes sur le fronton de ce palais !... on dé-
truira l'œuvre de Philippe de Champagne !...
On dessinera de *petits appartements* dans
cette éblouissante galerie où tu as fondé l'A-

cadémie française !... Le trône où tu mon-
tes chaque jour ne sera plus que le fauteuil
d'une altesse !... Et un jésuite, courtisan et
philosophe, ingrat et railleur, proposera de
sculpter sur la corniche de ton salon d'honneur : *Sic transit gloria mundi !* »

Certes ! le cardinal aurait fait jeter un pareil prophète dans un cabanon : il y avait
toujours une cage vide à Bicêtre, pour le
service de son Éminence.

Et que fût-il arrivé, bonté du ciel ! à la
cour du Roi-Cardinal, si la voix prophétique,
cette voix de malheur, avait dit encore à
Richelieu :

« Dans quelques jours, dans quelques an-
nées, du soir au lendemain, sous la régence
d'un duc d'Orléans, d'un duc d'Orléans,
entendez-vous ?... ce palais d'un prince de
l'Église servira de théâtre aux comédies
réelles, aux comédies équivoques d'un prince
du sang royal. On remplacera les austérités

suprêmes d'une cour dévote par toutes sortes d'impudences et d'impudeurs dans le
plaisir. On cachera le manteau de la royauté
sous un travestissement de carnaval. On
prêtera à la robe des reines, des favorites et
des amantes de France les pampilles d'une
horrible galanterie. Les Roués, de nouveaux
Mignons, monseigneur, viendront gambader,
avec les amours suspects, sur la tombe de
votre pouvoir et de votre orgueil : on dansera
avec la folie dans cette salle même ; on sou-
pera avec la débauche dans votre cabinet de
travail ; on jurera avec l'impiété dans votre
oratoire. L'orgie se démènera, pendant le
jour et pendant la nuit, autour de votre ombre glorieuse. Vous assisterez, immobile,
indigné et impuissant dans la mort, à la dé-
mence de ces mystérieuse bacchanales. La
noblesse de France, ivre de vin et de vice,
dira peut-être à votre fantôme : « Merci.
monseigneur !.... nous ne sommes plus que

des courtisans, des sceptiques, des païens, des roués... voilà ce que vous avez fait de l'aristocratie française avec le niveau de la hache !

« Et ce n'est pas tout ! il faut que Votre Éminence boive le calice de l'histoire jusqu'à la lie : buvez ! C'est encore un d'Orléans, toujours les d'Orléans, qui doit en finir, un peu plus tôt, un peu plus tard, avec les derniers vestiges de votre sévère grandeur. Il transformera cette résidence pour les menus plaisirs de sa fortune particulière, et il en fera un grand marché, un vaste bazar, une immense boutique ! On bâtira autour du jardin trois galeries destinées au commerce, à la spéculation, à l'industrie parisienne ; la grande allée sera détruite, et on abattra vos beaux marronniers !

« Dès ce moment, monseigneur, le Palais-Cardinal devient le palais de tout le monde : il appartient aux promeneurs, aux nouvellistes, aux oisifs, aux marchands, aux chalands, aux étrangers, aux curieux, aux jongleurs, aux charlatans, aux ventriloques, aux pitres, aux bohémiens, aux mendiants, aux saltimbanques, aux cuisiniers et aux filous !

« Buvez encore, monseigneur… videz la coupe ! Il y aura des tripots dans l'enceinte de ce palais : tripots publics, officiels, patentés, privilégiés, protégés par l'intérêt des gouvernements ! On y jouera contre l'État lui-même, et on y perdra la richesse, et l'honneur, et la vie, sous la surveillance de la police ! Et plus d'un joueur, n'ayant plus rien à perdre, jettera sur le tapis vert quelques gouttes de son propre sang ! On lavera le tapis, on ne plaindra pas le joueur, on cachera le cadavre, et tout sera dit !

« Ah ! ce pauvre Palais-Cardinal, si rempli d'orgueil, d'encens, de noblesse, de poésie galante et de génie ! il subira toutes les

surprises, toutes les humiliations, toutes les
indignités, toutes les hontes ! Je vais vous
épouvanter, je vais vous confondre, monseigneur : le vice aura sa cour d'amour dans
votre palais, amour public, amour banal,
amour payé, amour tarifé, l'amour au
comptant ! Des filles de joie, des filles de
peine, se promèneront et se presseront à
l'envi, à travers la résidence princière, brillantes et audacieuses, souriantes et débrail-
lées, bien vêtues et peu couvertes, jetant
au premier venu, avec des agaceries, des
sourires et des œillades, les paillettes de la
ceinture dorée, bravant la lumière ou se ca-
chant dans l'ombre, exhalant les baisers et
les blasphèmes avec l'odeur du vin, et quelquefois suivies de Macette, la Macette de
Mathurin Régnier, Monseigneur ! »

Certes, le cardinal aurait renvoyé un pareil prophète à quelque invisible exécuteur
de ses œuvres particulières : il y avait tou-

jours une hache toute prête, à Ruel et à Ba-
gneux.

J'ai pourtant connu un homme, — un
homme très-spirituel, — je ne dis pas très-
raisonnable, — qui se vantait d'avoir prédit
tout cela au cardinal de Richelieu, le jour
même où Son Éminence faisait son testament au profit de Louis XIII ! J'ajoute que
l'homme spirituel et peu raisonnable dont
je parle se laissait tomber, plus d'une fois,
dans le gouffre de la folie, surtout quand
il se promenait dans le jardin du Palais-
Royal. La folie étrange et poétique de ce
promeneur est un curieux tableau de
genre, que je vais suspendre au clou
historique de ce petit livre. Eugène Briffault aurait peut-être tiré un charmant
parti de ce tableau pour l'histoire même
que je raconte en ce moment.

III

Le curieux et original personnage dont il s'agit se nommait Cassagnole : c'était un gentillâtre périgourdin, autrefois riche, presque pauvre au moment où il me fit le plaisir un peu triste de me prendre en amitié. A cette époque, en 1837, il avait peut-être quarante-deux ans, — quarante-deux ans bien fatigués, presque flétris, ridés par les chagrins, les désirs et les passions.

Cassagnole vivait depuis longtemps dans l'enceinte même du Palais-Royal : il n'en sortait jamais. Le Palais-Royal était, à ses yeux, une grande et admirable ville, dont les splendides ressources pouvaient suffire à tous les besoins, à tous les caprices de la vie heureuse : une promenade superbe, des cafés et des restaurants, des bibliothèques publiques, des bains somptueux, des vêtements à la mode, des bijoux et des fleurs, la tragédie et la comédie, le vaudeville et les marionnettes; partout, à chaque pas, du luxe, du bien-être, de l'amusement et de l'éclat, — c'était là, pour Cassagnole, bien plus et bien mieux que tout ce qu'il aurait pu trouver de meilleur dans sa bonne ville de Périgueux.

Cassagnole occupait un petit appartement dans la maison de l'horloger Leroy, du côté du jardin. Pendant l'été, il déjeunait presque tous les jours sur sa terrasse, et il jetait des miettes de pain aux moineaux. Dans la semaine, il dînait modestement chez Richard : le dimanche, il se hasardait, avec un certain plaisir, avec un certain orgueil, sur la carte périlleuse de Véry. D'ordinaire, il prenait du café à la Rotonde. Quand il voulait prendre une glace, il entrait au café de Foy, où il ne manquait jamais de regarder en souriant, au milieu du plafond, un oiseau qui était né sur la palette de Carle Vernet. Je crois bien que ce bel oiseau y est encore.

Cassagnole n'oubliait jamais d'aller entendre, à midi, le canon du Palais-Royal.

Cassagnole passait bien souvent deux ou trois heures dans le salon littéraire de la *Tente*, qui appartenait, dans ce temps-là, à deux vieilles dames très-intelligentes et très-savantes. Il lisait beaucoup; il lisait surtout les livres qui se rattachaient, de près ou de loin, à l'histoire du Palais-Royal : il connaissait cette histoire sur le bout des doigts, et il avait la faiblesse de vouloir la raconter à tout le monde. Un jour, il aborda Chodruc-

Duclos, et il lui dit sérieusement : « Je vais vous apprendre sur quelle litière de fleurs vous osez traîner vos guenilles ! » Et il lui raconta la galante chronique des petits soupers de la Régence. — Quand il eut bien soupé à la cour du régent, Chodruc se mourait peut-être de faim : il demanda à Cassagnole quelques sous, pour aller manger dans un bouge de la rue Pierre-Lescot.

Cassagnole allait très-volontiers au spectacle : au Théâtre-Français, pour se retremper dans l'esprit de quelque chef-d'œuvre ; à la salle Montansier, pour se ragaillardir avec Déjazet ; chez Séraphin, pour étudier le cœur des marionnettes ; au caveau du Sauvage, pour se divertir de ce qui l'attristait profondément. Le caveau du Sauvage était pour lui la caverne du Palais-Royal : la fiction et la réalité jouaient chaque soir, dans cet abîme, la farce désolante de la *guenille* humaine, avec tout ce que peut contenir de vermine et de vice la hideuse et plaisante guenille de l'humanité.

Il y avait encore, à cette époque, dans les galeries de pierre, des tripots officiels, des guêpiers publics, d'horribles maisons qui portaient pour enseigne des chiffres rouges et flamboyants : **36 — 113 — 154**. — C'était là, surtout, l'attrait mystérieux qui enchaînait le pauvre Cassagnole aux délices de Capoue, dans la Campanie du Palais-Royal. Joueur jusqu'à la furie, chaque nuit il allait se clouer à une chaise crasseuse du n° **36**, autour de la table verte du *trente et quarante*. Quand il quittait sa place, — les poches pleines ou les poches vides, il chancelait comme un homme ivre, et il était ivre en effet : l'or, perdu ou gagné, lui montait au cerveau ; l'or s'épanchait avec le sang, et cette ivresse du jeu finissait quelquefois par un accès de rage.

On peut dire que, dans ce temps-là, les

jeux publics et la loterie royale étaient deux
choses charmantes et affreuses, qui donnaient
des rêves à tout le monde, aux riches et
aux pauvres, aux grands et aux petits. La
loterie, la roulette, le rouge, le hasard et le
noir faisaient des malheureux sans doute ;
mais comme ils étaient heureux en espérant
toujours, ces pauvres malheureux !

Pour les imaginations faciles, naïves, avi-
des, enthousiastes, le jeu et la loterie repré-
sentaient la fortune, le plaisir, la puissance et l'orgueil, le luxe triomphant,
l'appétit rassasié, la vanité contente, la
passion satisfaite et heureuse, dans un immense et merveilleux mirage de l'argent.
Que de romans impossibles, d'histoires fa-
buleuses, de comédies de cape et d'épée, au
fond des mystères du *trente et quarante* !
Que d'illusions et de projets, de guinguettes
et d'habits neufs, de spectacles et d'amou-
rettes, de mariages et de pignons sur rue,

dans la roue mystérieuse de la loterie!

Le dernier jour officiel de la loterie royale fut une journée de tristesse, de regret, de désespoir, et en même temps de suprême espérance pour les joueurs du *terne* et du *quaterne*. Ce jour-là, bien des pauvres amants de la fortune se ruinèrent tout à fait pour s'enrichir. Les *mises* furent énormes; on combina des chiffres à n'en plus finir; on commenta les signes et les présages; on s'agita, on se remua, on rêva tout éveillé, et le rêve tourna peut-être au cauchemar. La physionomie d'un certain Paris était sombre à faire peur et pitié. Une ordonnance royale avait suffi pour jeter un voile presque noir sur cette physionomie populaire de la grande ville. A vrai dire, c'était un événement considérable qui venait de s'accomplir du soir au lendemain : la loterie était morte! C'en était fait de ce théâtre fantastique, où la pauvreté payait si cher sa place de toute l'année, pour assister en tressaillant à une lamentable comédie du hasard, de la tentation et de l'espérance !

Il en fut ainsi pour les jeux publics, quand il fallut renoncer tout d'un coup, par ordre souverain, aux *séries* et aux *refaits*, aux *parolis* et aux *martingales*. La fièvre s'en mêla, une fièvre qui avait de la colère et de la douleur ! Le dernier jour, ou plutôt la dernière nuit des jeux publics, au Palais-Royal, le 31 décembre 1837, fut une solennité étrange, un spectacle horrible et superbe pour l'observateur des convoitises et des férocités humaines. Les croupiers, les tailleurs, les inspecteurs, les *Messieurs de la chambre*, les visiteurs, les habitués, s'étourdissaient à l'envi dans ce dernier carnaval de la fortune : on jouait et on perdait vite, cette nuit-là ! Et quand la dernière carte fut tombée sur la table du *trente et quarante*, quand la dernière boule eut glissé dans les méandres de la roulette, quand le dernier bruit de l'or eut retenti dans l'oreille et dans le cœur de tous ces malheureux, un immense cri de douleur et de fureur se fit entendre dans les salons : c'était le dernier soupir du jeu qui expirait aux pieds des gendarmes !

En ce moment, bien des joueurs n'avaient plus rien à perdre que la vie : un d'eux s'approcha de la fenêtre, au n° 36 ; il prit un pistolet dans sa poche et se brûla la cervelle. Quelques gouttes de sang tombèrent sur les mains de Cassagnole, qui lui-même songeait peut-être à mourir. Ne pouvant plus jouer dans les tripots du Palais-Royal, Cassagnole n'avait plus grand'-chose à faire dans la vie ; il ne mourut point tout à fait : il se contenta de devenir à peu près fou.

Cette folie, toujours fort innocente, parfois originale, se révéla d'une singulière façon, un jour que Cassagnole se souvenait peut-être de quelque femme qu'il avait aimée, qu'il avait longtemps oubliée sans doute. Le fou appela un de ses amis, un autre joueur, un autre fou probablement, pour lui montrer un petit portrait qu'il avait peint lui-même, un portrait de jeune fille. Voyons ce portrait, qui n'était rien moins que la figure d'une femme !

Imaginez, sur une toile, un horizon tout noir, sillonné par le scintillement des éclairs ; puis, à travers une échappée, un brin de ciel bleu, oublié par la tempête, — et sur ce fond, si triste, si sombre, une fleur, rien qu'une petite fleur, qui s'agite et se courbe au milieu de l'orage ; voilà ce que Cassagnole appelle un portrait !

Cette fleur ressemblait à un lis : au lieu d'une figure humaine, c'était bien une fleur que l'insensé avait reproduite sur une toile, mais une fleur si désolée, si tourmentée par le vent, si près d'être enlevée de sa tige, une fleur si malheureuse, qu'elle ressemblait presque à une jeune fille souffrante, flétrie par le chagrin, et déjà bien près de mourir dans la douleur.

La folie de Cassagnole se complétait chaque jour par une extravagance nouvelle; souvent cette extravagance avait de l'intérêt, de la grâce et de l'esprit. Un soir il s'avisa de croire qu'il avait vécu dans le Palais-Royal, depuis l'origine même de ce palais, de cette résidence princière. Il se donnait pour un gentilhomme qui avait figuré, brillé, paradé, à travers les siècles, à la cour des cardinaux, des princes et des rois. Il se prenait à nous conter, là-dessus, toutes sortes de fables et de sornettes, qui touchaient plus d'une fois à la vraisemblance, à la vérité, à l'histoire; et, chose étrange! qui cachait quelque secret de sa folie, — Cassagnole terminait la plupart de ses récits *historiques* par un couplet de Béranger, un couplet emprunté à une charmante chanson, le *Bonheur*.

> Le vois-tu bien, là-bas, là-bas,
> Là-bas, là-bas? dit l'Espérance;
> Bourgeois, manants, rois et prélats
> Lui font de loin la révérence.
> C'est le bonheur! dit l'Espérance;
> Courons, courons, doublons le pas,
> Pour le trouver là-bas, là-bas,
>   Là-bas, là-bas!

Hélas! à force de chercher le bonheur, *là-bas, là-bas*, Cassagnole avait fini par trouver la folie. Après tout, il se croyait heureux; il l'était peut-être. Il y a des folies heureuses : elles aiment, et, bien plus, elles se croient aimées. Personne ne les a trahies; elles ne maudissent personne. Elles voient du soleil là où il n'y a que de l'ombre. Elles ne doutent de rien : elles ne vieillissent jamais.

IV

« Comme tout se gâte! comme tout s'efface! comme tout s'en va!... nous disait Cassagnole en souriant au passé. Le Palais-Cardinal n'est plus aujourd'hui qu'une riche habitation presque publique, et je ne suis moi-même qu'un premier venu, un promeneur, un croquant, un passant!

« Autrefois, à mon entrée dans le monde souverain, au dix-septième siècle, au beau temps du grand homme rouge, Cassagnole n'était rien moins qu'un gentilhomme ordinaire de Monseigneur, un confident, un familier, un garde du corps, une épée d'honneur de Son Éminence! Je valais quelque chose, je valais beaucoup : j'avais l'amitié du cardinal et l'estime du père Joseph! Savez-vous ce qu'était ce père Joseph?... l'intelligence et la politique de Richelieu dans l'humilité apparente d'un capucin.

« J'étais là, entre ces deux hommes, entre le cardinal et le moine, le jour de l'inauguration royale de ce palais. On admirait, on applaudissait, autour de nous; on murmurait aussi : les murmures de la noblesse trahissaient les secrètes jalousies de la royauté En ce moment, le père Joseph glissa quelques mots à l'oreille de Richelieu. Le ministre s'approcha des mécontents qui osaient murmurer une opinion; il leur dit, avec son meilleur sourire, le sourire de la toute-puissance qui daigne vouloir plaire : — Messieurs, l'année prochaine, à pareil jour, ma fidélité reconnaissante élèvera, sur la place Royale, une statue équestre de notre maître à tous, le roi Louis XIII. Le père Joseph dit à son tour : — Messieurs, Son Éminence m'a bien voulu demander une inscription pour cette statue ; la voici : *A la gloire immortelle du très-grand et très-invincible Louis le Juste, treizième du nom, roi de France et de Navarre. Armand, cardinal et duc de Richelieu, son premier ministre en tous ses illustres et généreux desseins, comblé d'honneurs et de bienfaits par un aussi bon maître, lui a fait élever cette statue, en témoignage de son zèle, de son obéissance et de sa fidélité.*

« Cette statue de Louis XIII écrasa les mécontents : on cessa de murmurer ; il n'y eut partout que des applaudissements. Le soir, par extraordinaire, on vanta la politique du cardinal de Richelieu dans les salons les plus suspects de la place Royale. Bien joué !

« La place Royale, c'était l'opposition de

ce temps-là : elle faisait de l'esprit, des épigrammes et des chansons contre le premier ministre. Il passait déjà, tout le long de cette place, je ne sais quelles brises, — des railleries et des refrains, — qui annonçaient le vent de la Fronde. On riait, on raillait, on chantait, à la place Royale ; on se contentait de gouverner au Palais-Cardinal. La noblesse trônait encore à la place Royale, en y jouant la comédie de l'indépendance ; mais le trône de la monarchie était au Palais-Cardinal, — si bien que le roi de ce palais envoya souvent un bourreau à la place Royale : les têtes indépendantes, trop indépendantes, finissaient par s'incliner ; elles tombaient.

« Cinq-Mars, de Thou, Marillac, Bouteville-Montmorency, d'Ornano, et bien d'autres, s'inclinèrent de cette façon-là, — en tombant.

« Ce Bouteville, que je viens de nommer,

était la personnification du duel, dans le monde ferrailleur de la place Royale, — une véritable flamberge toujours au vent. Il était le coupe-jarret en chef du fameux escadron des *raffinés d'honneur*. Il avait ramassé dans le sang le sceptre et l'épée de Balagny, le roi des fines lames. Un des salons de l'hôtel Bouteville servait de salle d'armes, une salle toujours ouverte aux spadassins, aux duellistes, aux bretailleurs, aux bravaches, aux matamores de la cour et de la ville. On buvait et on s'escrimait tour à tour ; on buvait si souvent et si vaillamment, que l'escrime tournait plus d'une fois à la bataille : on démouchetait les armes, et l'on se tuait pour tuer le temps. Oui, on poussait jusque-là, en buvant et en riant, ce que Brantôme avait appelé : *Les fureurs de l'épée !*

« Il fallait en finir avec ce misérable hôtel des raffinés : à un certain coup d'épée de Bouteville, le cardinal répondit par un coup

de glaive, sur l'échafaud. L'opposition tout
entière de la place Royale accourut en vain
au Palais-Cardinal, pour sauver ce malheureux duelliste qui portait un si grand nom ;
mais le roi lui-même ne l'aurait point
sauvé ! Le soir de l'exécution en place de
Grève, Richelieu pleura devant témoins, au
récit de la mort de Bouteville : le grand
homme avait sans doute quelque intérêt à
pleurer pour si peu. Du reste, il pleurait
quand bon lui semblait ; il avait le don des
pleurs solennels. Seulement, il ne pleurait
jamais que d'un œil : l'autre lui servait à
bien voir l'ami ou l'ennemi qu'il voulait tromper par le spectacle de ses larmes. »

V

« Elle avait beau railler et maudire le
cardinal, la fière noblesse de la place Royale

ne demandait pas mieux que de venir bati-
foler aux fêtes et aux spectacles de notre
palais. Toute la gentilhommerie de France
applaudissait avec un plaisant enthousiasme
à la représentation de *Mirame*, une belle
tragédie que monseigneur avait daigné com-
poser lui-même, dans ses moments perdus,
afin d'humilier publiquement la muse du
Cid. *Mirame* fut jouée sur un théâtre magnifique, éblouissant, le théâtre ordinaire
de Son Éminence, et tout cela ne coûta
guère au ministre-poëte que la bagatelle de
trois cent mille écus. La nouvelle salle de
spectacle était située tout près du palais, du
côté de la rue des *Bons-Enfants*. C'était
superbe !

« Toute la cour et la royauté elle-même
assistaient, dans le Palais-Cardinal, aux fian-
çailles de mademoiselle de Maillé, nièce de
Richelieu, avec le duc d'Enghien, qui devait être un jour le grand Condé. Quelle

fête nuptiale ! quelle cérémonie ! quel monde enchanté ! quel ravissement pour les yeux et pour les oreilles ! quelle souveraine magnificence ! Et, après le bal, quelle délicieuse collation, servie par *trente-deux pages!* Et comme la reine était charmante et charmée ! Et comme toutes les princesses avaient de la grâce et de l'audace en dansant la sarabande ! Et que la fiancée était donc jolie ! Quant au bienheureux cardinal, il ne se sentait pas de joie et d'orgueil : il souriait !

La reine se retira fort tard, par un petit escalier que l'architecte Lemercier avait ménagé dans un angle du palais, un escalier très-dérobé, que l'on appelait en riant : l'*escalier de Marion*. L'escalier de Marion Delorme ne conduisait pas précisément à la chapelle du cardinal. Je me souviens d'avoir vu passer, par cette petite route mystérieuse, bien des gens, hommes et femmes, qui voulaient y faire leur chemin ! En voici quelques-uns que j'aimais beaucoup, en les haïssant quelquefois ; ils me voulaient du bien, et je les servais de mon mieux :

« D'abord le père Joseph ; il arrivait d'ordinaire par le petit escalier, le matin, le soir, et même la nuit, toujours calme et toujours pressé.

« M. de Senneterre, serviteur dévoué par intérêt, et peut-être bien espion par dévouement.

« Le maréchal de la Force, un vaillant homme qui ne cessait point de se marier. Il fut assez heureux pour épouser quatre jolies femmes, qu'il appelait ses *quatre grandes victoires*.

« M. de Turin, intègre magistrat, qui osa répondre un jour au cardinal : — Il plaît à Votre Éminence que M. de Bouillon gagne son procès : rien de plus facile, monseigneur... Je vous apporterai ce procès, et vous le jugerez sans moi !

« Beautru, un bel esprit, le confident littéraire et le complice du cardinal dans plus d'une méchante action en vers ou en prose. Beautru, même en présence de monseigneur, ne croyait pas à Dieu. Quand il entrait dans la chambre de Son Éminence, il saluait poliment un superbe crucifix qui avait appartenu à la reine mère. Il disait à ce propos, en montrant le divin crucifié : « Nous « nous estimons, nous nous saluons en- « core... mais nous ne nous parlons plus. » C'est encore Beautru qui s'avise de s'écrier, un soir, en plein palais, en plein gala, en parlant de Charles Ier déjà bien menacé par la révolution : « Voilà un veau que l'on « traîne de marché en marché, jusqu'à ce « qu'on le mène à la boucherie ! »

« Maugars, le joueur de viole du cardinal, une pauvre bête qui ne manquait point d'esprit, un pauvre esclave qui ne manquait point de fierté.

« D'Émery, le financier, qui avait fait très-vite une très-grande fortune, — assez petitement ; cela se voit dans tous les siècles. D'Émery jurait ses grands dieux qu'il était un bien honnête homme, et on y croyait parce qu'il le disait. On croit à ces choses-là dans tous les temps, sans y croire.

« Racan, un berger-poëte, qui mettait beaucoup d'orgueil à porter une épée. Racan avait un défaut insupportable : il bêlait, même quand il n'était point dans ses bergeries.

« Bois-Robert, un courtisan bouffon, qui ne voulait plaire, disait-il, qu'à deux personnes : au bon Dieu et au cardinal ; il disait peut-être : au cardinal et au bon Dieu !

« L'abbé de Gondi, qui commençait à fronder en sifflant tout bas les tragédies de Son Éminence. Le cardinal estimait assez médiocrement le petit abbé ; il lui avait trouvé tout de suite un esprit dangereux, avec une ambition séditieuse et un visage patibulaire. Gondi, bien jeune encore, excellait à flatter les dévots : ce fut là toute sa dévotion.

« Guiton de Forlagues, notre capitaine des gardes, un terrible soldat, qui faisait furieusement son devoir.

« Le musicien Bocco, un grand personnage, une puissance mystérieuse, quoiqu'il n'eût point l'esprit de s'en douter : Bocco était le *maître à danser* de Son Éminence le cardinal de Richelieu !

« Roger de Rabutin, pas encore comte de Bussy, — esprit gâté qui n'avait pas vingt ans ; mauvais cœur très-précoce ; Bourguignon qui semblait regretter de n'être point Gascon, et qui faisait tout pour le devenir ; hâbleur et courageux ; audacieux et fanfaron ; duelliste, joueur, débauché, et d'une vanité ! d'une fatuité !... Il disait, à vingt ans, qu'il *ne pouvait point souffrir ses maî-*

tresses, tant elles l'aimaient ! Racan nous amena plusieurs fois ce vieux jeune homme, par le petit escalier de Marion : le cardinal ne demandait pas mieux que de le protéger ; mais il s'aperçut bien vite que le petit Rabutin était un *diseur de bons mots.* Grand crime !

« Voiture, un autre bel esprit à la mode, qui rougissait bêtement de n'être point un vrai gentilhomme ; sur ma foi ! il l'était vraiment, par le courage, la galanterie, le sans-gêne et la prodigalité. Je raffolais de ce charmant vaurien... un beau joueur ! Au dix-septième siècle, la galanterie était une chose si belle et si bonne, si noble et si bien avouée, que la reine Anne d'Autriche, une reine de France en personne, ayant demandé à Voiture à *quoi il pensait,* le poëte osa lui répondre tout simplement, tout galamment :

« Je *pensais* que la destinée,
Après tant d'injustes malheurs,
Vous a justement couronnée
De gloire, d'éclat et d'honneurs ;
Mais que vous étiez plus heureuse,
Lorsque vous étiez autrefois…
Je ne veux pas dire amoureuse…
La rime le veut toutefois !

« Je *pensais*, — car nous tous poëtes,
Nous pensons extravagamment, —
Ce que, dans l'humeur où vous êtes,
Vous feriez, si dans ce moment
Vous avisiez, en cette place,
Venir le duc de Buckingham,
Et lequel serait en disgrâce,
De lui ou du père Vincent …

« La galanterie me ramène au petit escalier du Palais-Cardinal. Voici une bien jolie femme, mademoiselle Marcelle, rien qu'une bourgeoise, mais une bourgeoise de qualité, spirituelle et galante, qui adressait à un amant infidèle les vers adorables que je vais vous dire :

Il s'en va, ce cruel vainqueur,
Il s'en va plein de gloire ;

Il s'en va, méprisant mon cœur,
  Sa plus noble victoire ;
Et, malgré toute sa rigueur,
  J'en garde la mémoire.
Je m'imagine qu'il prendra
  Quelque nouvelle amante ;
Mais, qu'il fasse ce qu'il voudra...
  Je suis la plus galante :
Mon cœur me dit qu'il reviendra...
  C'est ce qui me contente !

« Mademoiselle de Scudéri, une fille vertueuse, maigre et noire, qui avait tout appris, excepté la vertu qui lui venait de sa mère. Elle faisait des romans ridicules et des confitures excellentes. Elle se vantait d'avoir surpris tous les secrets du cœur amoureux, et je crois qu'elle en devinait quelque chose, à force de chercher avec l'esprit. Elle trouvait parfois de petites étincelles de sentiment, que la mode prenait pour une flamme. Le cardinal n'adorait point cette jeunesse pédante et savante ; il disait de mademoiselle de Scudéri : « Cette

« noiraude sue l'encre par tous les pores. »

« Madame d'Aiguillon, qui liardait si bien, pour mieux attraper les écus du cardinal ; — la fourmi de la fable, dans l'avarice la plus réelle.

« Madame de Puysieux, qui déridait Son Éminence avec des chansons ; je ne sais plus trop ce qu'elle chantait à monseigneur, du bout des lèvres… mais le charme était si grand, que l'auditeur charmé finissait par chanter avec la chanteuse.

« Mademoiselle de la Fayette, qui venait se plaindre fort innocemment de l'indifférence, ou plutôt de la timidité du roi

« Mademoiselle de Hautefort, qui se plaignait à son tour de l'esprit et du cœur de Sa Majesté. Mademoiselle de la Fayette pleurait en se plaignant ; mademoiselle de Hautefort finissait toujours par rire un peu de ce qui lui causait beaucoup de chagrin. Il écoutait toutes ces plaintes, le malheureux cardinal, et il devait en entendre de belles!

« La duchesse de Chevreuse, l'héroïne de
toutes sortes de romans vrais; génie mobile,
remuant, insaisissable, et toujours heureux;
adorant l'intrigue, le danger, les voyages,
les aventures, et adorant peut-être l'amour.
Je l'ai vue se moquer impunément de la reine
de France, de Buckingham, de Louis XIII,
et même du cardinal de Richelieu. La
chatte se moquait du tigre! Quelle chatte!
quelle femme! une admirable créature qui
se faisait craindre, et, par bonheur, se laissait aimer.

« Mademoiselle de Combalot, nièce du
cardinal; le sourire même, à ce point qu'on
accusait cette jolie fille de sourire toujours
pour avoir l'air de tout comprendre. Elle
parlait peu; elle écoutait beaucoup; elle ne
répondait qu'en souriant : c'était la rouerie
du silence.

« La comtesse de Fargis, la langue d'une

vipère, l'oreille d'un espion. Elle fut exécutée en effigie sur la place de Grève, pour avoir trop répété ce qu'elle avait trop entendu.

« Madame de Cornuel, une bouche téméraire, qui riait de tout et de tout le monde, et très-spirituellement, et très-courageusement, s'il vous plaît ! Elle fut un jour arrêtée par des bandits ; le chef de la bande lui mit la main sur la gorge, à la recherche de quelque bijou : — Mon pauvre ami, lui dit-elle, votre main n'a que faire là... Je n'ai ni perles ni tetons !

« Ninon de l'Enclos, un *honnête homme* qui avait, Dieu merci, toutes les faiblesses d'une femme ; une courtisane émérite qui fut toujours jeune ; une malheureuse mère qui eut la honte d'ensorceler son propre fils, et la douleur de le voir mourir pour elle ; un philosophe en jupon, qui pensait comme Épicure et agissait comme Aspasie ; une folle raisonnable, qui ne buvait que de l'eau, et qui semblait toujours ivre à force de belle humeur et d'esprit. Ninon avait bien des vertus et bien des vices ; mais, comme elle était *honnête homme*, elle donna toutes ses vertus à l'amitié, et tous ses vices à l'amour. Elle compta beaucoup d'amis ; mais que d'amants ! que d'amants ! C'est triste à dire, — devant les gens vertueux.

« Marion Delorme, la personnification la plus brillante et la plus vraie de la galanterie... un peu publique de ce temps-là. Quelle terrible et charmante créature que cette impitoyable et facile Marion ! Elle fut en même temps un caprice et une puissance, une coquette et une souveraine. Jolie, habile, spirituelle, fine, sérieuse, profonde, légère, horrible, ravissante, elle fut une fille de joie, une fille d'affaires et une fille d État. Oui, elle représentait dans la politique secrète je ne sais quelle galanterie d'État, le gouvernement à demi caché de la

beauté et du plaisir. Elle faisait de la fan-
taisie en le voulant, — et de la monarchie
sans le vouloir : elle abaissait les têtes les
plus hautes jusqu'au niveau de ses genoux,
peut-être pour aider le cardinal à les jeter
tout à fait par terre. Marion et Richelieu !
Marion s'attaque à la vanité et à la richesse
des gentilshommes ; Richelieu s'attaque à
l'orgueil et à la force de la gentilhommerie.
Marion gouverne à coups d'éventail ; Richelieu gouverne à coups de hache. On joue,
on s'amuse, on soupire, on fait l'amour chez
Marion, — et l'on finit par s'agenouiller sur
les planches d'un échafaud.

« Il y a bien des comédies joyeuses dans
le galant imbroglio de la vie de Marion Delorme: il y a aussi, dans les caprices extra-
vagants de cette existence embrouillée, un
drame romanesque, éloquent, original, —
et je me demande comment un pareil drame,
si plein de soupirs et de larmes, a pu échap-

per si longtemps à la curiosité et à l'imagination du théâtre! C'est l'histoire d'un pauvre et admirable savant, qui passe par l'alcôve d'une courtisane amoureuse et par le salon d'un cardinal-ministre, pour arriver tout juste dans les cabanons de Bicêtre. Ce savant se nommait Salomon de Caus. Il faut que je vous raconte cette belle histoire, et vous jugerez. »

VI

« Salomon de Caus n'était ni un homme inconnu ni un talent méconnu, dans le monde officiel du dix-septième siècle. On le savait un architecte habile, un peintre distingué, un ingénieur remarquable. On ne croyait point à son génie; mais on croyait à sa science. Les plus grands du monde lui souriaient, avec un doute qui n'excluait point la sympathie et l'estime, lorsqu'il ouvrait son fameux livre inédit des *forces mouvantes*, lorsqu'il se vantait d'avoir deviné une véritable merveille, lorsqu'il parlait d'employer la vapeur, comme moyen de force active, dans les proportions d'un pouvoir immense.

« Salomon de Caus était déjà si bien connu, si bien estimé, dans le monde de la cour, que Michel Particelli, un des prodigues adorateurs de Marion, daigna le mener un beau jour au petit lever de la courtisane ; il lui dit, au premier acte du drame, en le présentant à la célèbre Laïs de la place Royale : — Vous avez réalisé des prodiges de goût, d'habileté, de magnificence, dans le palais de S. A. le prince de Galles ; eh bien, ces prodiges du talent et de la richesse, je veux qu'ils se renouvellent à grands frais dans le palais de mademoiselle Delorme. Jetez à pleines mains l'or, l'argent, le bronze, le marbre, la couleur, les étoffes précieuses, les riens les plus charmants et les plus rares ; voyez, cherchez, inventez, imaginez, et comptez sur moi !

« Près de sortir, Salomon de Caus s'arrêta sur le seuil de la porte, pour saluer de nouveau, en la contemplant, Marion Delorme, qui daignait lui sourire. Marion le congédia à la manière des Parthes, en lui perçant le cœur. Elle lui tendit la main, que Salomon s'empressa de toucher de ses lèvres ; il vécut huit jours avec ce baiser.

« C'est ainsi que commence cette fière comédie réelle, par un baiser de Salomon de Caus et par un sourire de Marion Delorme, au bruit des galants propos de toute la noblesse de France, qui soupire dans les antichambres d'une courtisane. En une minute, en un clin d'œil, Salomon devient amoureux de Marion ; amoureux triste, amoureux timide, amoureux fou, amoureux en conscience, et je vous laisse à deviner avec quelle ardeur, quelle passion, quel enthousiasme, le pauvre artiste se livre tout entier au travail, pour obéir à Michel Particelli, et surtout pour plaire à Marion Delorme !

« Après avoir embelli, décoré, transformé le palais de cette fille, Salomon de Caus fut chargé par Michel Particelli de reproduire sur la toile le visage bien-aimé de Marion. Cette scène du portrait serait ravissante sur un théâtre, si l'émotion n'en était point gâtée par des banalités d'esprit. Ce malheureux artiste, faible et audacieux, en tête-à-tête avec son périlleux modèle, tremblant et pourtant bien heureux, curieux de tout voir et craignant de tout regarder ; — ce peintre qui oublie ses pinceaux et sa palette, ne songeant plus qu'à Marion, et la regardant trop longtemps ; — ce pauvre diable qui pousse du pied son chevalet et sa toile, et qui s'agenouille, qui pleure, qui sanglote, qui demande grâce pour sa douleur, qui reprend son pinceau pour essayer de peindre, et qui le rejette en s'écriant : « *Je me meurs !* » — Et, près de lui, cette femme qui s'efforce de poser devant l'artiste et devant l'homme ; — cette misérable Marion qui répond à l'amour en lui montrant le spectacle de la galanterie ; — cette affreuse et séduisante créature qui s'avise de raconter à la passion tout ce qu'il y a de luxe, de plaisir, de folie, de vice et d'impunité dans la vie galante ; — cette impitoyable courtisane qui lance à la figure d'un amant qu'elle désole la liste des amants qu'elle n'a point désolés : Brissac, Saint-Évremont, d'Effiat, Particelli, Richelieu lui-même et cent autres ; — tout cela n'est-il point dramatique, avec une émotion qui vous charme, avec une tristesse qui vous attendrit sans vous empêcher de sourire ?

« Salomon de Caus, qui se sentait mourir tout à l'heure, ne mourra pas tout de suite : Marion vient de lui dire à voix basse, en le relevant jusqu'à ses genoux, jusque dans ses bras peut-être : « Je vous aimerai le plus « longtemps que je pourrai ! » Et, dès ce moment, le malheur commence pour l'amant heureux.

« Le nouvel amant de mademoiselle Delorme, — amant caché, par extraordinaire, — essaya de lutter contre la galanterie, contre la noblesse, contre l'opulence, contre le pouvoir. Il chemina lentement dans la voie douloureuse, avec deux croix bien pesantes sur ses épaules : la passion et la science. Un certain monde se moqua tout à la fois de son amour et de son génie. La place Royale bafoua ce triste savant qui étalait tous les mystères de sa pensée, ce triste amoureux qui étalait toutes les blessures de son cœur. Salomon s'efforça vainement d'entr'ouvrir avec fierté son cerveau et son âme : on n'y voulut voir que la vanité, l'ambition et la jalousie. On railla ce malheureux que l'amour de la science et la science de l'amour avaient égaré jusqu'à la folie la plus sérieuse et la plus plaisante. Marion elle-même, embarrassée, fatiguée de cet amant qui aimait tant à l'aimer, finit par le *recommander* à la secrète justice du cardinal. Elle écrivit au ministre une lettre que je n'ai jamais oubliée ; la voici :

« J'ai hâte de vous revoir, Monseigneur,
« et je vous renvoie la petite clef qui ouvre
« la petite porte de mon hôtel ; à tout pé-
« ché miséricorde ! Je ne veux pas qu'il dé-
« plaise à Votre Éminence de rencontrer,
« dans ma maison, un jeune homme, un
« savant que ma faiblesse a trop longtemps
« protégé : daignez, par amitié pour moi et
« par égard pour vous, me délivrer au plus
« vite de ce pauvre fou qui m'ennuie. Du

« reste, il a de l'esprit et des idées ; il a dé-
« couvert des mondes ! Il possède en vérité
« une foule de talents, entre autres celui de
« m'attrister de sa belle passion et de sa fu-
« rieuse jalousie. Il faut que j'en finisse
« avec sa rage : le malheureux veut m'é-
« pouser ! Faites quelque chose pour lui,
« Monseigneur, et qu'il vive le plus long-
« temps possible, — mais loin de moi. L'in-
« sensé que je vous recommande se nomme
« Salomon de Caus. Vous le connaissez un
« peu, et je le connais beaucoup trop. Je
« supplie Votre Éminence d'ordonner à
« Cassagnole de me rouvrir tout de suite
« l'escalier de Marion. »

« Un matin, Salomon embrasse mademoiselle Delorme, et je crois même, —
ô niais sublime !... qu'il se prend à baiser
l'oreiller de sa maîtresse ! il arrive au
Palais-Cardinal, précisément par le petit escalier de Marion : le voilà bien fier et bien

heureux de pouvoir s'adresser, de puissance
à puissance, de génie à génie, à ce véritable
souverain, à ce véritable roi qui se contente
de se dire cardinal par respect pour l'Église,
et ministre par respect pour le peuple ! J'é-
tais de service, à la porte de mon maître ;
j'écoutai de mon mieux : l'entrevue fut
belle, grande, terrible ; la comédie galante
cessa de sourire : le masque du drame lui
ferma la bouche et l'étouffa.

« Salomon de Caus se hâta d'exposer, aux
yeux de Son Éminence, des théories scien-
tifiques, des plans merveilleux, des projets
admirables, dans l'intérêt de la civilisation
tout entière. Il parla, sans prendre garde
aux yeux de son juge, de faire tourner des
machines, marcher des voitures, voguer des
navires, d'opérer à son gré des miracles,
rien qu'avec la force mystérieuse de la vapeur. Richelieu ne répondit pas un mot au
savant, au solliciteur qui lui demandait la

permission d'avoir du génie ; le ministre ne daigna répondre qu'à un amant de Marion, à un amant qui ne lui avait pas demandé la permission d'être aimé et d'être heureux. Chaque fois que Salomon parlait des secrets de sa science, le cardinal lui parlait des mystères de son amour.

« A la fin de cette singulière entrevue, Richelieu appela son capitaine des gardes ; il lui dit, en lui montrant Salomon de Caus :

« — Où loge-t-on les fous ?

« — A Bicêtre, Monseigneur.

« — Emmenez cet homme, qui pense et qui parle comme un insensé ; qu'il soit logé dans un cabanon de Bicêtre !

« Salomon fut entraîné, garrotté, bâillonné, et enseveli tout vivant dans la tombe de l'hospice ; la tombe se referma, et tout fut dit. Je me trompe : l'histoire et la comédie nous réservent un cinquième acte.

« Un jour, chargée de faire les honneurs de Paris au marquis de Worcester, Marion s'avisa de lui proposer une promenade d'observation à l'hospice de Bicêtre. J'étais de la partie, pour le compte du cardinal. Comme nous entrions en riant, en babillant, dans le jardin des fous, un homme, un maniaque, jeune encore, mais horrible déjà à force de souffrance et de misère, nous apparut tout à coup derrière les grilles d'un cabanon, et se mit à crier d'une voix tremblante, d'une voix brisée : Marion ! Marion ! C'est bien moi… regarde ! Je te reconnais, et je t'aime toujours ! Marion ! Marion ! délivre-moi… Je suis Salomon de Caus !

« Il faut être juste : Marion se troubla ; elle pâlit, elle trembla, et je crois même qu'elle oublia ma présence pour oser maudire le cardinal.

« Le cabanon s'ouvrit, je ne sais comment, et Salomon de Caus se précipita vers

nous en criant et en pleurant. Il s'agenouilla tour à tour devant le marquis de
Worcester et devant Marion Delorme : à l'un
il parla de sa grande science, et à l'autre de
son grand amour ; il sollicita le gentilhomme, et il supplia la courtisane ; il promit des mondes à Worcester, et des merveilles à Marion ; il se promit à lui-même
d'emporter Bicêtre je ne sais où, en l'atta-
chant à quelque chariot de vapeur ! et, à
chaque regret, à chaque douleur, à chaque
prière, à chaque belle promesse qu'il
exprime, un gardien hausse les épaules en
murmurant avec beaucoup de dédain et de
pitié : « Pauvres fous ! en voilà un qui a trouvé
l'emploi de la vapeur de l'eau bouillante ! »

« Salomon de Caus se laissa mourir,
presque à nos pieds, dans un dernier accès
de folie, d'enthousiasme, de passion et de
colère. En sortant de Bicêtre, le marquis de
Worcester emporta sous son manteau le

précieux manuscrit de ce savant, qu'il appelait tout bas le plus grand génie de son
siècle. Marion Delorme emporta dans un pli
de sa robe, non point de son cœur, le dernier soupir de cet amant qu'elle avait tué.
Près de franchir le seuil de l'hospice, Marion
ne pensait plus qu'à ses amours de la place
Royale ; elle se prit à dire au marquis : « Je
« vais écrire cette petite aventure à mon
« cher d'Effiat. »

« Le drame finit sur ce mot affreux. »

VII

« Un soir que Richelieu venait d'écrire
son testament et qu'il se rappelait tout haut
les grandes choses de son règne, il mur-
mura le nom de Salomon de Caus, et il
baissa tristement la tête : il devinait sans

doute qu'il avait dédaigné, méconnu, re-
poussé, dans un moment de faiblesse puérile
et brutale, une grandeur de l'avenir, une
révolution mystérieuse, une puissance nouvelle. Il était bien humble, ce soir-là, le
terrible cardinal!... si humble dans la
peine, dans le repentir, qu'il écouta patiem-
ment les prédictions les plus sinistres : moi,
un simple serviteur, un simple soldat, j'osai
lui prédire l'ingratitude royale qui allait
bientôt voiler sa glorieuse mémoire; j'osai
lui prédire la honte et la ruine de son propre
palais dans le prodigieux changement des
flots et des destins de ce monde. Il sembla
m'écouter, et il fut patient; mais, entre
nous, je me suis demandé bien des fois si
le cardinal m'avait entendu!

« Richelieu mourut en roi, dans une
chambre de ce palais où son génie avait
fondé un royaume. Le lendemain de sa
mort, le roi-cardinal n'était plus qu'un sujet

ambitieux, qui avait audacieusement con-
fisqué la royauté. Il fut maudit par les
grands et méconnu par les petits. Les princes
et les peuples l'oublièrent trop vite.

« On enterra le cardinal dans une chapelle
de la Sorbonne. Soixante ans plus tard, un
empereur à demi barbare devait donner une
leçon de justice politique à la royauté française. Pierre 1er vint à Paris ; il voulut visi-
ter, avant tout, deux monuments : le palais
et le tombeau de Richelieu. A la Sorbonne,
le monarque étranger s'agenouilla ; il posa
ses deux mains sur le marbre tumulaire, et
il s'écria : « O grand homme ! je t'aurais
« donné la moitié de mon empire, pour ap-
« prendre de toi à gouverner l'autre ! »

« Après avoir servi Richelieu, j'aurais pu
servir Mazarin ; mais, dans la tanière du lion,
j'avais appris à dédaigner les renards et les
singes. Je m'éloignai de Chavigny et de
Senneterre, qui me suppliaient de les suivre

dans le palais et dans la faveur du nouveau ministre. Le *signor Giulio Mazarini* me déplaisait !... il n'avait rien de mon grand maître : il était doucereux et mielleux ; agréable, mais petit et mesquin ; plus avaricieux qu'ambitieux ; fade et apprêté dans sa grâce italienne ; joueur heureux, mais trop souvent tricheur, avec les cartes de la politique ; peu dévoué, sinon à soi-même, et vilain en dehors de son profit ; toujours prêt à promettre, et se préparant toujours à ne donner jamais ; sans grandeur, même dans les grandes choses qu'il savait faire ; s'avilissant très-volontiers, pour avilir les autres, au risque d'abaisser toute une nation ; capable d'adorer une reine, sans penser à l'aimer ; méprisable pendant toute sa vie, méprisé enfin à l'heure de sa mort, et *raisonnablement chargé de la haine publique*, suivant le mot du cardinal de Retz.

« Le faquin mourut misérablement, avec

tous les regrets, toutes les terreurs et tous les ridicules d'un avare. Près de mourir, il adorait encore la Fortune, et il lui adressait gravement les sornettes les plus bouffonnes. Il comptait ses richesses, par livres, sous et deniers. Il regardait ses bijoux, il touchait à ses meubles, il contemplait ses tableaux. Il se traînait dans les vastes salons de son palais, disant adieu à tous ces biens, à tous ces chefs-d'œuvre, à toutes ces jolies merveilles, qu'il avait amassés si ingénieusement et si vilainement. Et il pleurait, le malheureux, en pensant qu'il allait tout quitter, — tout ! Impossible de rien emporter dans la tombe, — rien ! O Harpagon-ministre ! Voilà Mazarin.

« Aux premiers pas de cet Italien, après la mort du cardinal de Richelieu, je devinai que le fourbe nous écraserait tous, quoiqu'il ne marchât encore que sur la pointe des pieds. Je m'en allai bien vite dans le voisinage de Paris, à Ruel, tout près du château de mon ancien maître. Il me fallait du repos, du silence et de la verdure. Il me venait des tendresses puériles : j'aimais les fleurs et les oiseaux! J'avais besoin d'aimer! Oh! les beaux jours et les belles nuits, sous les arbres, sous les nuages, sous les étoiles!... C'était le bonheur...

« Le vois-tu bien, là-bas, là-bas,
Là-bas, là-bas, sur la verdure?
Il croit à d'éternels appas,
Même à l'amour qui toujours dure..
Qu'on est heureux sur la verdure!
Courons, courons, doublons le pas,
Pour le trouver là-bas, là-bas,
Là-bas, là-bas! »

VIII

Quand il en avait fini avec ses souvenirs du temps de Louis XIII. Cassagnole repre-

naît difficilement l'histoire du Palais-Royal.
Il parlait rarement des orages de la Fronde,
qui avaient grondé autour de ce palais. Il
s'inquiétait médiocrement des tremblements
de peuple, qui avaient remué le berceau
d'un roi dans l'ancienne demeure du grand
cardinal. Il dédaignait le règne de Louis XIV,
qui avait renoncé avec une sorte de mépris
public à la succession de Richelieu. Parfois,
il saluait de loin, avec quelques mots de sympathie, une reine d'Angleterre, la veuve de
Charles Ier, qui avait tant pleuré dans la
chambre royale de cette résidence. Cassagnole nous disait que Bossuet avait recueilli
toutes les larmes de cette pauvre reine,
pour en faire l'éloquence de la douleur, dans
sa plus belle oraison funèbre.

Ce qui semblait surtout déplaire à la mémoire de Cassagnole, dans la régence d'Anne
d'Autriche, c'était la tendre faiblesse ou la
faiblesse un peu tendre de la régente pour

le *signor Giulio Mazarini*. Un pareil abaissement, une pareille impiété, cette promiscuité secrète, ce prince de l'Église agenouillé sans trop de respect devant une souveraine, cette royauté qui s'appuie sans trop de grandeur sur l'ambitieuse galanterie d'un prêtre, ce ministre qui oblige l'amour à être une *raison d'État*, cette reine romanesque et ensorcelée, cette couronne de France qui n'est plus que l'ornement d'une chambre équivoque, tout cela déplaisait fort à la folie de Cassagnole, — et, entre nous, le fou avait peut-être raison.

Ce fut en 1643 que la reine Anne d'Autriche, régente du royaume, quitta le Louvre avec ses deux fils pour habiter le Palais-Royal. Elle voulut que ce palais de la *minorité* fût déjà tout rempli de la magnificence royale ; elle s'efforça de rivaliser, par des prodigalités vaniteuses, avec l'orgueil magnifique du cardinal de Richelieu.

Anne d'Autriche eut une cour brillante, jeune, spirituelle, comme il convenait à une si éclatante majesté. Elle ordonna des fêtes, des spectacles, des galas, où le goût espagnol se mêlait à l'esprit italien, par-dessus les modes françaises. Un ordre de la régente, provoqué sans doute par un caprice ministériel, inaugura dans les salles du Palais-Royal les concerts de la musique italienne. Une jolie chanteuse de Naples fut présentée à la cour par le ministre lui-même : elle se nommait Léonora. Cette présentation fit scandale, quoique la chanteuse chantât à ravir. Madame de Longueville disait, à ce propos, à la belle du Vigan : « Mazarin nous a fait l'honneur de nous présenter sa maîtresse... à chanter ! » Du reste, Mazarin chantait à merveille ; il disait souvent à la reine, lorsqu'il avait besoin de la blesser traîtreusement, avec une épingle de son pays : « Il faut avouer que Buckingham chan-

tait bien mal, madame... Il chantait faux !
— Pas toujours... » aurait pu répondre le
cœur d'Anne d'Autriche.

A la mort de Richelieu et de Louis XIII,
tous les anciens amis de la reine, exilés par
le génie politique, étaient accourus à Paris
pour réparer le temps et les plaisirs perdus. Les intrigues, les cabales, les ambitions, les jeux et les amours recommencent
de plus belle, à la cour de la régente, — une
*cour bien embrouillée, un délicieux et mé-
chant pays*, — disait madame de Motteville.
On s'amuse, on chante, on déclame, on
danse, on aime, on flatte, on s'avilit, on fait
la roue au soleil levant, on joue la comédie et la tragédie, on trompe, on se laisse
tromper, on se venge de Richelieu en
souriant à Mazarin, *on se désoccupe de
toute affaire*, sans prendre garde à un certain horizon un peu sombre, et qui n'est pas
bien loin pourtant, — un horizon que l'on ap-

pelle Paris! Au Palais-Royal, à cette époque, on danse déjà sur un volcan.

On dansait probablement sur ce volcan, au bruit de quelque mélodie italienne, le soir où éclatèrent les premiers troubles de la Fronde dans les rues de Paris, dans l'intérieur de l'archevêché, et jusque sur le seuil du palais de la royauté. Dans toute la cour d'Anne d'Autriche, il n'y eut peut-être qu'une seule personne qui s'effraya, au spectacle assez nouveau de cette population séditieuse, *infectée de l'amour du bien public :* cette personne clairvoyante était madame de Motteville, une femme de chambre, ou plutôt une amie de la reine.

IX

Madame de Motteville, qui nous a laissé d'excellents *Mémoires*, ne ressemblait point

aux grandes et belles dames du Palais-
Royal. Elle avait de la prudence, de la raison, de la sagesse, avec un goût spirituel
qui donnait à sa vertu de la grâce, de l'a-
grément, du charme. Quoiqu'elle fût une
veuve jeune et jolie, elle prenait modestement un secret plaisir à s'entendre appeler
madame la douairière. Elle trouvait le
moyen de s'isoler dans le bruit et dans la
foule, — en rêvant. Elle parlait peu; elle
écoutait beaucoup, pour écrire ce qu'elle
avait entendu. Elle regardait, elle obser-
vait; elle assistait à des spectacles réels qui
la divertissaient très sérieusement. Elle
écrivait à ce sujet : « Les cabinets des rois
sont des théâtres où se jouent des pièces
qui occupent tout le monde. Il y en a qui
sont comiques; il y en a aussi de tragiques,
dont les plus grands événements sont toujours causés par des bagatelles. »

Le soir, et souvent la nuit, quand elle

n'est bonne à rien dans la chambre royale, pendant que Mazarin s'occupe à faire jouer *tant de grandes machines* autour de la reine, madame de Motteville se cache tout doucement dans le jardin du palais, sous les grands marronniers du cardinal de Riche- lieu, avec des compagnes invisibles, les compagnes de son imagination, les rêveries, qu'elle appelle les *douceurs animées de la solitude*.

Souvent aussi madame de Motteville se promène dans ce beau jardin avec le vieux maréchal de Bassompierre, qui n'a plus rien de galant à faire ni même à dire dans le palais d'une cour galante. Le vieux maré- chal s'écarte de la foule où il connaît toutes les personnes, où il ne reconnaît aucune affection, et il se plaint d'avoir trop vécu ! Madame de Motteville le console ; elle lui dit, parce qu'elle le croit naïvement : « Vous êtes fier et poli, généreux et magnifique ;

vous avez gardé les grands sentiments et les grands airs de votre jeunesse ; vous aimez encore tout ce qui est aimable : donc vous êtes jeune ! » Le vieux maréchal n'y croyait pas tout à fait.

Quelquefois, par extraordinaire, madame de Motteville obtenait la périlleuse faveur d'emmener dans le jardin, sans valets et sans gardes, les deux jeunes princes : Louis XIV et le duc d'Anjou. Le petit roi jouait avec son frère, dans cette allée, à cette place même où Richelieu et le père Joseph avaient rêvé la grande monarchie du dix-septième siècle. Il arriva, plus d'un jour, que Mazarin descendit secrètement du palais, pour surprendre madame de Motte= ville et surveiller les deux princes ; en pareil cas, Louis XIV cessait de jouer, et il s'attristait. Cette tristesse du jeune roi, sou- daine, instinctive, mystérieuse, inquiétait Mazarin ; elle effrayait madame de Motte=

ville. O innocente et terrible justice des enfants !

Quelquefois, et bien tristement, madame de Motteville se promenait avec la reine d'Angleterre ; elle aimait beaucoup cette reine déchue, qui lui souriait toujours en pleurant après le récit de ses infortunes. Il semblait que cette auguste malheureuse voulût tempérer les larmes qu'elle versait devant le monde par un sourire charmant qui demandait grâce pour le spectacle de sa douleur. L'amie dévouée d'Anne d'Autriche, qui savait si bien écouter, recueillait d'une bouche souveraine les détails, les épisodes, les traits d'histoire, les prétextes publics qui commencent d'ordinaire les plus grandes révolutions. Ces confidences de la reine d'Angleterre éclairaient madame de Motteville, en l'effrayant déjà, sur des périls secrets qui menaçaient la régence et la royauté elle-même. Cette frayeur peut nous faire comprendre le courage d'une *femme de chambre* qui s'écrie en pleine cour, au bruit des premières scènes de la Fronde : « L'étoile devient bien terrible contre les rois ! »

Et comme on plaisantait, comme on raillait les terreurs de madame de Motteville quand elle osait parler ainsi ! Comme on se moquait du parlement, de la bourgeoisie et du peuple ! Comme elle riait de bon cœur, avec Mazarin, cette bienheureuse Anne d'Autriche ! La foule, la sédition, la révolte, les magistrats qui cherchent des lois pour s'en faire des armes, la bourgeoisie qui prend des mousquetons, le peuple qui ramasse des pavés, tout cela était bien risible, vraiment, pour une régente du royaume ! La régente riait beaucoup, ce jour-là ; elle gouvernait en riant, et la cour tout entière riait avec le gouvernement de la reine. La flatterie improvisa des prodiges de sottise dans cette incroyable risée : il y eut un flatteur, quelque Beautru, quelque Nogent, quelque la Rivière, qui s'avisa de flatter Anne d'Autriche en lui adressant une affreuse billevesée : « Madame, la langue française ne se compose plus que de quatre petits mots : *la reine est trop bonne !* »

X

Dieu merci, la grande moquerie du Palais-Royal ne devait point durer. Au moment où la régente elle-même se met à dire, toujours en riant, qu'*il y a de la révolte à imaginer qu'on puisse se révolter,* — les barricades s'élèvent; un certain ordre se mêle au désordre pour le diriger; les officiers du parlement se hasardent solennellement au milieu du peuple; le Pont-Neuf

chante des criailleries horribles contre la
cour; les femmes elles-mêmes demandent
à combattre, et les enfants suivent les
femmes au combat; on méconnaît l'autorité
royale, on insulte le premier ministre, on
menace la reine; les boutiques se ferment,
le sang commence à couler dans les rues
de Paris, — et l'on cesse de rire au Palais-
Royal. Le lieutenant civil arrive tout pâle et
tout tremblant dans la chambre grise. La
régente, qui est toujours *fort aigre quand
elle n'est pas très-douce*, s'aigrit jusqu'à la
fureur, jusqu'à la folie. Mazarin *jargonne*,
pour ne pas trop parler le langage de la
peur. Le duc d'Orléans se prend à siffler, et
je ne pense pas qu'il siffle un air de bra-
voure. Les princes hésitent déjà entre la
royauté et le parlement. Les maréchaux de
France ne retrouvent pas aisément la garde
de leur épée. Un seul officier, M. de Co-
menge, parle de s'en aller en guerre et

de *terrasser la canaille*. Décidément on ne rit plus au Palais-Royal.

Et, au même instant, le peuple assiége le palais, criant, jurant, chantant, menaçant, et demandant la liberté du bonhomme Broussel! Et tout à coup un prêtre, un archevêque, un coadjuteur de Paris, apparaît dans la foule : il porte le rochet et le camail ; il s'avance en bénissant le peuple ; il a son bréviaire dans une main, et peut-être cache-t-il un poignard dans l'autre. Parfois il s'incline, se baisse, et disparaît çà et là, comme s'il cherchait par terre, dans la bagarre, un chapeau de cardinal. Ce frondeur en soutane, ce prêtre-soldat, cet émeutier religieux, c'est Gondi, c'est de Retz, c'est le conspirateur *patibulaire* que Richelieu avait deviné, et qui va faire son entrée séditieuse dans le palais de la reine!

XI

Le voilà dans son élément, dans sa vie,
dans son état, dans son talent, dans son
génie, cet infatigable professeur de conju-
rations! le voilà qui commence la Fronde,
une guerre où rien de grand ne se fera
peut-être, même avec des grands hommes
de guerre; une comédie politique où le
sang jette un peu de drame; une bataille spirituelle et galante, où l'on taille
souvent un drapeau dans la robe de quelque
belle dame : une lutte de magistrats, de
bourgeois, de ministres, de femmes et de
grands seigneurs, où plus d'un général en
jupon laisse voir le bout de la ceinture dorée; une farce très-sérieuse, jouée à coups
d'éventails, à coups de sifflets, à coups de
refrains, à coups de mousquets et à coups
de canons.

Il a tout ce qu'il faut et il fera tout ce qu'il faudra, ce charmant coadjuteur, pour conduire la farandole guerrière de la Fronde! Il est souriant, gracieux et léger. Il parle de la religion très-spirituellement, avec le cœur le moins religieux du monde. Il a permis qu'on déchirât sa soutane avec une épée, afin de ne point trop ressembler à un prêtre. Il sait faire des aumônes vaniteuses et des libéralités qui *résonnent*. Il prêche la *charité chrétienne* dans les églises, pour cacher le faux chrétien qui ne pardonne pas aisément. Il est amoureux de la gloire, et il la gagnerait peut-être, s'il avait appris à l'aimer. Il a toujours de l'esprit, et au besoin il en donne aux autres, pour les obliger à le bien servir. Il excelle à trouver le grand mot qui grossit les petites choses. Il pêche en eau trouble, au risque d'y noyer les hommes après avoir pris les poissons. Il a le talent de faire, des Parisiens les plus pacifiques, des ligueurs, des frondeurs, des séditieux, des rebelles, par contagion. Il effraye les forts en leur montrant l'abîme qui les menace; il rassure les faibles en leur montrant l'abîme qu'on peut éviter. Il est assez souple pour jouer, dans le même jour, le rôle d'un tribun avec le peuple, le rôle d'un rêveur presque galant avec la reine. Il vante le génie du cardinal de Richelieu, pour mieux humilier l'habileté du cardinal de Mazarin. Il lance sur le trône, pour l'ébrécher, les tabourets de cour abandonnés par la noblesse. Il se ménage une petite porte de derrière, partout où il y a un petit coin pour la placer. .Quand la Fronde se divise, il en réunit les lambeaux avec des ficelles de soie et d'argent. Il marche, il se glisse, il rampe, il s'agite, il négocie, il parle, il écrit, et au besoin il chante, pour enseigner au public l'art de se révolter en chantant. Il pérore dans les rues de Paris, sous les lanternes, tribunes de la Fronde qui seront plus tard les gibets de la Révolution. Il est inépuisable en expédients, ressources, changements à vue, surprises et coups de théâtre. Il s'empare de la foule, bien plus par la variété du spectacle que par le mérite de la pièce, ce qui ne l'empêche pas d'imaginer les plus jolies scènes de comédie. Enfin, il a une grande ville, une armée, un parlement, une cour, des gardes du corps, et même des *dames d'honneur* qui font pour lui tout ce qu'elles peuvent !

Laissez donc passer M. le coadjuteur, qui frappe à la porte du Palais-Royal ; laissez passer impunément ce Machiavel-brouillon, ce génie-mouche, ce penseur audacieux et étourdi ! Après tout, la cour d'Anne d'Autriche a peut-être raison de ne point trop s'effrayer de ce prêtre galant, de ce libertin sérieux, de ce réformateur spirituel : ce n'est là qu'un brillant comédien, en politique, en religion et en amour, — n'arrivant jamais ni à la vraie grandeur ni à la vraie passion, voulant duper tout le monde et se dupant lui-même, s'élevant quelquefois avec l'esprit, et retombant toujours dans la ruse, l'indifférence et l'intrigue.

Laissez passer l'archevêque des frondeurs! laissez-le monter, s'agiter et sautiller sur ce pavois périlleux qu'il appelle la *tête des peuples!* Il se donnera bien du mal, il jouera bien des rôles, il usera bien des costumes, il portera bien des masques, pour arriver tôt ou tard au fond de tout, — au désenchantement, au regret et à la peine! Et dans cette cohue, dans ce vacarme, dans cette émeute, dans cette lutte, dans cette guerre civile, où il a tant cherché l'influence et le pouvoir d'un nom glorieux, le coadjuteur trouvera la seule gloire à laquelle il n'ait point songé, une gloire littéraire, la gloire d'un beau livre : les *Mémoires du cardinal de Retz*.

La Fronde finit comme elle a commencé, par des chansons, — des chansons mêlées de flatteries et de lâchetés. La paix est faite : on embrasse les gens qu'on a voulu étouffer ; le coadjuteur disparaît ; madame de Longueville baise les *draps de lit* de la reine ; tout le monde est bêtement ravi, au Palais-Royal, et Mazarin peut continuer à *faire de la honte de tout ce que Richelieu a fait de l'honneur*. (C'est le cardinal de Retz qui parle.)

XII

Le pauvre fou que vous connaissez, le malheureux Cassagnole, n'avait que du mépris, presque de l'horreur, pour le Palais-Royal de la Fronde. Il lui pardonnait des faiblesses, des erreurs, des piperies, des vanités, des sottises, des mensonges, des hontes; mais il ne lui pardonnait pas un grand crime que voici : le Palais-Royal avait permis que la reine d'Angleterre, reléguée dans un coin du Louvre, passât tout un jour d'hiver dans son lit, faute d'un peu de bois pour se chauffer !

Et, quand il se rappelait un pareil crime, Cassagnole se mettait à courir, à chercher, à fureter autour de nous en s'écriant : « Un fagot... un fagot... pour Sa Majesté la reine des trois royaumes ! »

Puis il ajoutait tristement, avec un triste souvenir de l'histoire : « Dans tout ce riche quartier du Palais-Royal, je n'ai pas trouvé un fagot à crédit pour une reine d'Angleterre ! »

Cassagnole finissait peut-être par trouver à crédit ce misérable fagot; mais, au lieu de l'envoyer bien vite à la reine d'Angleterre, qui en avait tant besoin pour elle et pour sa fille, il se prenait à le casser sur la tête de Mazarin, d'Anne d'Autriche et de Louis XIV lui-même. Il gesticulait devant nous, frappant à droite et à gauche le grand règne tout entier, un règne qui avait préféré Saint-Germain et Versailles au palais du cardinal de Richelieu !

Mon Dieu ! que de folie ou de raison, à coups de fagot ! fagot par-ci, fagot par-là, contre le roi, les princes, les ministres, les maltôtiers, les confesseurs, les courtisans, les favoris et les favorites ; c'était la volée de bois vert de Figaro, appliquée sur les plus hautes épaules du dix-septième siècle. Cassagnole ne renonçait à la justice distributive du fagot que sur le cercueil de Louis XIV, au premier accès de gaieté, au premier éclat de rire de la nouvelle régence, la Régence du duc d'Orléans.

En ce moment, Cassagnole oubliait sans

doute le cardinal de Richelieu, et il se ré-
conciliait avec les nouveaux maîtres du Palais-Royal. Il s'était si fort ennuyé, au soleil
couchant de la royauté, qu'il avait hâte de
se divertir au clair de lune d'une régence
équivoque. Après bien des mauvais jours, il
n'était point fâché de pouvoir passer quelques belles nuits, sous la couronne de
France. Il nous confiait tout bas qu'il avait
gardé précieusement la petite clef de l'escalier de Marion, et il se promettait de l'offrir
à monseigneur le régent. Cassagnole se
trompait; avec la Régence, la galanterie n'a
pas besoin de clef pour ouvrir les portes du
palais : il n'y a plus de serrures.

Cassagnole relevait fièrement la tête; il
passait la main dans son gilet, comme pour
jouer avec un jabot; il prenait une pièce de
monnaie dans sa poche, et il s'en faisait une
boîte à tabac d'Espagne; il pirouettait sur la
jambe droite, et même sur la jambe gauche;

il prêtait à chacun de nous le nom de quelque roué de la Régence; il nous disait, en
nous quittant pour aller faire sa cour à madame de Prie :

« Cette chère marquise va commencer
avec nous l'émancipation très-apparente des
grandes dames du dix-huitième siècle. Elle
vient d'inventer, pour l'inauguration de la
Régence, une séduisante et adorable toilette
que nous appelons le *négligé* d'une femme
de qualité. Ce *négligé*, que l'on a déjà dé-
fini *l'emblème de notre temps*, est un chef-
d'œuvre où l'art même sert à produire l'a-
bandon, où le luxe sert à produire le désordre.
Ce fameux *négligé* pèse *dix onces, poids
de rigueur*; madame la duchesse du Maine
disait hier, à propos de ce joli costume in-
décent : « En soufflant dessus, on pourrait
tout soulever ! » J'ajoute que la marquise
de Prie est bien femme à tout soulever, sans
que personne ait besoin de souffler dessus.

Cassagnole faisait mine de s'éloigner; il se cachait en riant derrière un arbre, et il reparaissait pour nous dire :

« Mon beau temps est venu ! Je vais être un des rois de la mode, — la mode du plaisir, — roi dans une république païenne où la polygamie est permise. Je régnerai, le verre toujours à la main, le baiser toujours à la bouche. Je trônerai sur l'édredon parisien. Je jouerai gros jeu, avec cartes et cornets, à l'*hombre* et au *lansquenet*, dans un tripot de jolies femmes qui ne demanderont pas mieux que d'être gagnées par-dessus le marché. Petites maisons, petits soupers, petits propos, petits refrains, petites amours, petites comédies de mauvaises mœurs, petits mystères et petits crimes, sans compter un petit Pactole qui nous viendra du Mississipi ! Par la sambleu ! quel grand règne ! Messieurs, la vie est un enfant qu'il faut endormir : tâchons de le bercer, jusqu'à ce qu'il s'endorme, avec des contes, des caresses et des chansons! Adieu, Sabran... adieu, Nocé... adieu, Canillac... »

Et Cassagnole s'en allait au palais de la Régence en chantant à demi-voix :

« C'était la Régence alors;
    Et, sans hyperbole,
Grâce aux plus drôles de corps,
    La France était folle.
Tous les hommes plaisantaient,
Et les femmes se prêtaient
    A la gaudriole,
        O gué!
    A la gaudriole!

AVIS DE L'ÉDITEUR

—

En voyant quelles pages charmantes M. Louis Lurine a consacrées, dans ce volume, à l'histoire du Palais-Royal, nos lecteurs nous approuveront sans doute d'avoir permis à l'auteur d'étendre les limites que nous lui avions d'abord imposées.

Le *Palais-Royal* aura donc un second volume, qui paraîtra à la fin du mois de février, sans préjudice pour le cours régulier de notre publication.

La gravure de la première partie paraîtra avec la seconde.